Library Of Modern Italian Literature

Boston University

In the interest of creating a more extensive selection of rare historical book reprints, we have chosen to reproduce this title even though it may possibly have occasional imperfections such as missing and blurred pages, missing text, poor pictures, markings, dark backgrounds and other reproduction issues beyond our control. Because this work is culturally important, we have made it available as a part of our commitment to protecting, preserving and promoting the world's literature. Thank you for your understanding.

Library *of* Modern Italian Literature

President
Mr. WILLIAM ROSCOE THAYER

Vice-Presidents
Mrs. ALEXANDER COCHRANE
Mrs. WESTWOOD T. WINDRAM

Secretary and Treasurer
Professor J. GEDDES, Jr.

Librarian

BOSTON UNIVERSITY
12 Somerset Street
Nineteen hundred and five

N view of the fact that one of the best ways of becoming familiar with a foreign language and its literature is through its current publications, and as the Italian Classics are to be found in the Public Library and elsewhere, this Library is opened as a Library of Modern Italian Literature, and much care has been used in the selection of the books.

The Library begins with over six hundred volumes, which have been bought in Italy and bound by Bretano in Paris.

It is the intention to add each year all newly published books that may seem desirable.

If subscribers wishing any special books will send in title, with name of author, due consideration will be given them.

Yearly Subscription . . *$3.00*
Life Membership . . . *15.00*

The yearly subscription allows one book to be taken at a time, and to be kept for three weeks. Those living at a distance from Boston may take two or three books at a time, and keep them for a corresponding length of time.

Arrangements may be made for those wishing to take books away for the summer.

There will be a free delivery for the city of Boston on Wednesdays.

Cambridge subscribers will find their books at the University Bookstore, Harvard Square, on Wednesdays.

Other out of town subscribers will find their books on Wednesdays at Schoenhof Book Co., 128 Tremont Street (opposite Subway entrance).

When there are twelve subscribers in any place outside of Boston, a centre of exchange will be established there.

Please fill out Library card and return to Librarian.

Please notify the Library two days in advance when wishing to exchange book.

Please address all communications to Italian Library, Boston University.

Please notify the Library at once if service is not satisfactory.

Any contributions toward the Library in money or books will be very gladly received.

Gifts already received : —

Mr. Theodore Clark	$3.00
Miss Priscilla Hodges	2.00
Miss Mary Roberts	1.00
Mr. Ashton R. Willard	15 books
Miss M. A. Coe	4 "
Miss Ellen Watson	2 "
Prof. A. C. Nobili	7 "

INDEX OF TITLES

A. B. C.	Valentino e Quintino Carrera	342
Abbazia di San Lao, l'	B. E. Maineri	494
Acquazzoni in montagna	Giuseppe Giacosa	391
Acque forti	Regina di Luanto	183
Addio amore	Rhoda Broughton	111
Addii, gli	Gemma Ferruggia	527
Addolorata, l'	Giuseppe de Rossi	309
Adolfo	Beniamino Constant	535
Adone (poema)	Cavalier Marino	102
Albero della scienza, l'	F. de Roberto	461
Alcibiade	Felice Cavallotti	60
Ali tarpate	Ulisse Barbieri	508
Alla città di Roma	Gerolamo Rovetta	521
All'aria aperta Renato Fucini (Neri Tanfucio)		34
Alla ribalta; commedie e monologhi. 1. Gli spiriti forti. 2. Le penne del pavone. 3. Convegno ultimo. 4. Tu. 5. La coda	A. Olivieri Sangiacomo	599
Alle porte d'Italia	Edmondo de Amicis	497
All'ombra del faggio	Avancinio Avancini	127
Alta marea	Ugo Valcarenghi	110
Amante, l'	G. Anastasi	63
Amanti della vedova, gli	Michele Uda	520
Americana	Pio Landa	483
Americana, l'. 2 v.	Pietro Sales	260-261
Ammonitori, gli	Giovanni Cena	329
Amore a fondo perso, un	Cesare Tronconi	435
Amore bendato	S. Farina	499
Amore che dura, l'	Achille Torelli	195
Amore di donna — Amore di madre Tommasina Guidi		171
Amore nell' arte	I. U. Tarchetti	245
Amore sfrenato	Camillo Castella-Branco	357
Amori, gli	F. de Roberto	382
Amor platonico, l'	Neera	86
Angeli della terra, gli. 2 v.	V. Bersezio	488-489
Angeli del perdono, gli	Domenico Caprile	56
Angelo di pace	Margherita Speroni	460
Angelo risvegliato, l'	A. S. Novaro	24
Angiola Maria	Giulio Carcano	513
Angioli nelle tenebre	Antonio Ghislanzoni	256
Anima di un pittore, l'	Camillo Boito	492
Animali parlanti, gli. 2 v.	G. Casti	83-84

INDEX OF TITLES

Antiodo Agnolucci, racconto storico di, A. A. Stefano Pelloni (detto il Passatore)		403
Antologia della nostra critica letteraria moderna	Luigi Morandi	454
Antonio	Achille Bizzoni	246
Apostolo, l'	Remigio Zena	5
Aquilonia (La guerra sociale)	Raffaello Giovagnoli	230
Arminio	Ippolito Pindemonte	478
Arnaldo da Brescia	Giuseppe Guerzoni	99
Arnaldo da Brescia	G. B. Niccolini	478
Arte in salotto, l'	A. Olivieri Sangiacomo	370
Ascensione d'inverno al Monte Rosa, un'	Angelo Mosso	99
Asceta, l', ed altri poemetti	Mario Rapisardi	227
Assedio di Gerusalemme, l'	G. Gozzoli	223
Attenzione!	Cesare Cantù	552
Automa, l'	E. A. Butti	197
Autopsia di un amore	Achille Bizzoni	241
Avventurieri di Parigi, gli	Pietro Zaccone	276
A zonzo	F. Martini	278
Baby	G. Rovetta	436
Bacio, il	Ida Baccini	52
Bacio d'una morta, il	Carolina Invernizio	408
Bacio infame	Carolina Invernizio	146
Barone di San Giorgio, il	Domenico Ciàmpoli	293
Baruffe in famiglia	Giacinto Gallina	351
Bassorilievi	Mariula	310
Battaglia di Benevento, la	F. D. Guerrazzi	574
Beatrice	Rider Haggard	380
Beatrice Cenci	F. D. Guerrazzi	374
Bebè	E. De-Najac ed A. Hennequin	508
Bel paese, il	Antonio Stoppani	467
Bel sogno, un	A. G. Cagna	38
Bestie e l'uomo, le	Silvio Sardagna	87
Bianca-Maria	Michele Cuciniello	520
Bianca Monselice	Fulvia	343
Bianchina	Pietro Zaccone	81
Bocca del lupo, la	Remigio Zena	502
Bonaccia e tempesta	la marchesa Colombi	364
Borgia, i	Pietro Cossa	509
Bozzetti mondani	Sibylle Lea	199
Braccialetto, il	Giannino Antona-Traversi	409
Brutta!	Maria di Gardo	32
Caccia al marito	Maria di Gardo	465
Cameriera astuta, la	Ricardo Castilvecchio	507

INDEX OF TITLES

Cameriera prudente, la	Ricardo Castilvecchio	507
Camicia rossa, la	Alberto Mario	275
Candelajo, il	Alfredo Baccelli	378
Cane del cieco, il	Vittorio Bersezio	277
Cani, gatti e ragazzi	Edoardo Conti	437
Canti carnascialeschi	con prefazione di Olindo Guerrini	194
Cantico dei cantici, il	F. Cavallotti	265
Cantico dei cantici, il	traduzione e commento di N. Cheleni	338
Canti popolari toscani	Giovanni Giannini	491
Canzone di Garibaldi, la	Gabriele d'Annunzio	583
Canzoniere dei bambini, il	Enrico Fiorentino	44
Capelli biondi	Salvatore Farina	495
Capitano Mari	Duchessa Jolanda (Enrica Magnoni)	541
Capo d'anno	Edmondo de Amicis	561
Capolavoro, il	Giustino L. Ferri	69
Caporal Berretta	A. Olivieri Sangiacomo	599
Caporal Silvestro	S. Farina	371
Capricci satirici	Anastasio	284
Capriccio, un	Linna Castino	224
Cara speranza	la marchesa Colombi	82
Carnevale in Borsa	Cesare Tronconi	438
Cartella n. 4, la	la marchesa Colombi	363
Casa Raymondi	Bernardo Chiara	75
Cassandra	Giovanni Villanti	262
Casta diva	Gerolamo Rovetta	114
Castel Gavone	Anton Giulio Barrili	404
Castello di Trezzo, il	G. B. Bazzoni	267
Catone Maggiore, il	M. Tullio Cicerone	557
Cavalieri del Macao	A. Scalvini	446
Cavalleria assassina	Gerolamo Rovetta	70
Cavalleria rusticana	G. Verga	572
Cella n. 7, la 2 v.	Pietro Zaccone	257-258
Cenere	Grazia Deledda	161
Cenere	Grazia Deledda	220
C'era una volta	Luigi Capuana	211
Cervello della donna, il	Gemma Ferruggio	302
Cesarina	Ludovico de Rosa (Luisa Saredo)	93
Chi l'ha detto?	(Tesoro di citazioni) ed. Guiseppe Fumagalli	361
Chi muore giace e chi resta si dà pace	A. Torelli	338
Chi rompe paga	Ludovico de Rosa (Luisa Saredo)	188

INDEX OF TITLES

Ciocca d'oro, la	Pietro Sales	228
Ciò che insegna la mamma	Emilia Nevers	171
Ciondolino	Luigi Bertelli	320
Circolo Pickwick, il 2 v.	C. Dickens	406-407
Città morta, la	Gabriele d'Annunzio	516
Civiltà del rinascimento in Italia, la 2 v.	Jacopo Burckhardt	150-151
Cognata, la	A. Olivieri Sangiacomo	305
Cola di Rienzo	P. Giacometti	558
Collana della regina, la	Riccardo Castelvecchio	399
Come la pensa il Signor Vincenzo	Francesco Coletti	508
Come presi moglie	Carlo Dadone	375
Come si ama	F. de Roberto	475
Commedia in famiglia, una	Riccardo Castelvecchio	399
Commedie	Pietro Aretino	445
Commedie del pubblico	Francesco Coletti	508
Commedie di Carlo Goldoni, scelta di 2 v.	Ernesto Masi	207-208
Confessione di Fra Gualberto, le	Anton Guilio Barrili	381
Confessioni di una figlia del secolo, le	Paola Baronchelli Grosson	221
Confessioni d'un ottuagenario, le 3 v.	Ippolito Niero	162-163-164
Congiura de' Pazzi, la	Lorenzo Antonini	476
Congiurati, i	G. T. Cimino	441
Conquista della gloria, la	Gustava Chiesi	45
Conte Lucio, il	G. Marcotti	174
Contessa Matilda di Canossa	A. Bresciani	523
Contessa di Genlis, la	Felicita Morandi	300
Contessa di Melzo, la 2 v.	Luigi Capranica	134-135
Contessa di Santaflora, la	Luigi Alberti	68
Contessa Teresa Malvezzi	Giuseppina Gandolfi	349
Continente misterioso, il	E. Salgari	362
Contro i più	Onorato Fava	316
Cortegiano, il	B. Castiglione	565
Così va il mondo, bimba mia	Giacinto Gallina	40
Crepuscolo	Emilio Ventura	205
Cristoforo Colombo	Piero Carboni	71
Critica della critica, la	Erminia Bazzochi	48
Cuore	Edmondo de Amicis	547
Cuore di donna	Carolina Invernizio	103
Cuor di ferro e cuor d'oro 2 v.	Anton Giulio Barrili	458-459

INDEX OF TITLES

Cuori di donne	Adolfo Maspes	449
Dalla spuma del mare	S. Farina	498
Dama piumata, la	Guglielmo Hauff	538
Daniele Cortis	Antonio Fogazzaro	453
Da Quarto a Volturno	Giuseppe Cesare Abba	469
Da un natale all' altro	Anna Vertua Gentile	17
Decadenza	Luigi Gualdo	119
Decameron, il 2 v.	Giovanni Boccacci	385–386
Decameroncino, il	L. Capuana	272
Degli spiriti e delle forme nella poesia di Giacomo Leopardi	G. Carducci	29
Del Cortegiano	B. Castiglione	366
Delitto di Silvestre Bonnardo, il	A. France	118
Delle odi barbare	Giosuè Carducci	285
Delle odi barbare	Giosuè Carducci	548
Demetrio Pianelli	Emilio de Marchi	401
Desiderata	Cosimo Georgieri-Contri	563
Designato, il	Luciano Zuccoli	167
Destino	Orazio Grandi	33
Diavolina	A. Ricchetti	203
Dietro il sipario	Michele Uda	558
Dio e la donna	Arturo Colautti	57
Dio e l'uomo 2 v.	Luigi Gualtieri	536–537
Di paese in paese	Mario Fratesi	204
Diritto dell' amore, il	Roberto Bracco	318
Disegno storico della letteratura italiana dalle origini fino a tutto il sec. xix	Raffaello Fornaciari	229
Disfida di Barletta, la	N. F. Faraglia	277
Distruzione ed altri racconti	Ugo Valcarenghi	504
Divagazioni critico-umoristiche.	C. Collodi	177
Diva natura	Alfredo Baccelli	325
Documenti umani	F. de Roberto	78
Dolce far niente, il	Antonio Caccianiga	76
Donna, la	Paolo Giacometti	558
Donna, una	Roberto Bracco	63
Donna d'altri, la	Luigi Gualtieri	508
Donna di picche, la	Anton Giulio Barrili	176
Donna in seconde nozze, la	Paolo Giacometti	558
Donne brutte, le	Antonio Ghislanzoni	288
Donne e poeti	E. Panzacchi	287
Dopo il caffè	la marchesa Colombi	105
Dopo il divorzio	Grazia Deledda	510
Dottor Antonio, il	Giovanni Ruffini	575
Dottor Antonio, il	Giovanni Ruffini	198
Due amori	Girolamo Ardizzone	350

INDEX OF TITLES

Due Beatrici, le	Anton Giulio Barrili	112
Due donne	G. T. Cimino	242
Edmenegarda	G. Prati	478
Edmondo	P. Antonio Bresciani	64
Elda	Ulisse Barbieri	508
Elena	Sofia Fortini-Santarelli	341
Elnava	Michele Cuciniello	520
Epistolario di Giuseppe Giusti 3 v.		387-388-389
Erede del Signor Acerbi, l'	Ludovico de Rosa (Luisa Saredo)	92
Eredità di Caino, l'	Wilkie Collins	13
Eremita della tomba misteriosa, l'	Anna Radcliffe	100
Ermanno Lysch	B. E. Maineri	494
Ermanno Raeli	F. de Roberto	212
Eros	G. Verga	172
Esca, l' 2 v.	Ottorino Novi	470-471
Espiazione	Leone di Moriana	62
Estremi aneliti	Cletto Arrighi	234
Et ab hic et ab hoc	Americo Scarlatti	317
Età della moglie, l'	Tommasina Guidi	332
Ettore Fieramosca	Massimo d'Azeglio	352
Ettore Fieramosca	Massimo d'Azeglio	556
E va … E va …	E. Augusto Berta	41
Eva	Antonio Fogazzaro	597
Eva	G. Verga	463
Evelina	Augusto Alfani	477
Evelina	Raffaello Giovagnoli	219
Evelina	Cesare Tronconi	560
Famiglia alpinistica	G. Saragat (Toga Rasa) Guido Rey	214
Famiglia Bonifazio, la	A. Caccianiga	418
Fantasia	Matilde Serao	158
Fantasiosa	A. Vertua Gentile	279
Farina del diavolo, la	Tommaso Gherardi del Testa	247
Fascino arcano	Giuseppe Baffico	402
Fascino, il	Virgilio Brocchi	21
Fascino, il	Gemma Ferruggia	22
Fascino di donna	del Cerro	355
Fasi del matrimonio, le	Luigi Gualtieri	558
Favole romanesche	Trilussa	50
Felice ad ogni costo	Ida Baccini	427
Felicità del sonno	Cosimo Giorgieri Contri	313
Fiamma fredda, la	Silvio Benco	414
Fidanzata di Chamonix	F. Prudenzano	254

INDEX OF TITLES

Figlia di Iorio, la	Gabriele d'Annunzio	577
Figlia d'Hoffman	Bayard e Varner	68
Figlia di Jefte, la	Felice Cavallotti	534
Figli del cielo, i	Anton Giulio Barrili	411
Figli di nessuno, i	C. Pizzigoni	416
Figlio, il	Arturo Colautti	315
Figlio di Scarabocchio, il	G. Nicolo	338
Figurinajo	G. Mantica	405
Fin ch'io viva e più in là …	Espero	409
Fine d'un ideale, la	E. A. Butti	417
Fino a Dogali	O. di Banzole	450
Fior d'oro	Anton Giulio Barrili	11
Fiore di Lombardia, un	Ettore Galeotti	584
Fiorella e farfallino	A. Ficcioni	430
Fioretto	Alberto Cioci	456
Fiori d'autunno	Adele Corvi	236
Fiori in inverno	G. Marchese e A. Calvi	400
Focolare domestico, il	Felicita Morandi	85
Foglie sparse	Fulvia	193
Foresta perigliosa, la	Anna Radcliffe	559
Forti amori	Carlo Pignone	308
Fortuna di un uomo	Adolfo Albertazzi	284
Fosca	I. U. Tarchetti	245
Fra le selve	D. Ciàmpoli	333
Fra i castagni	E. Franceschi	90
Francesca da Rimini	Gabriele d'Annunzio	148
Francolino	Onorato Fava	12
Fra Paolo Sarpi 2 v.	Luigi Capranica	131–132
Frate Gaudenzio	Eugenio Bermani	301
Freccia del parto	Neera	289
Fuoco, il	Gabriele d'Annunzio	452
Galatea	Giulio Anton Barrili	4
Gatto, il	Giovanni Rajberti	529
Gelosia	Alfredo Oriani	143
Gemma d'Oriente	Domenico Caprile	600
Generale Jomini	N. Marselli	192
Genio del male, il	Carolina Ivernizio	356
Gente per bene, la	la marchesa Colombi	340
Gioconda, la	Gabriele d'Annunzio	569
Giogo, un	Elvira Simonatti Spinelli	331
Giorni torbidi, i	Luisa Saredo	238
Giorno a Madera, un	Paolo Mantegazza	398
Giovanni da Ravenna	Gustavo Chiesi	274
Giulia	Anna Radcliffe	255
Giustizia, la	Grazia Deledda	180
Giustizia	Mario Rapisardi	227

INDEX OF TITLES

Gloria, la	Gabriele d'Annunzio	571
Glorie viventi	Carlo Romussi	367
Gran dama, una	S. Deval	175
Granellin di Pepe	Onorato Fava	40
Grotta delle sirene	A. Olivieri Sangiacomo	35
Gugliemo Tell	Francesco Dall' Ongaro	520
Idolo infranto, l'	Avancinio Avancini	3
Ignis (Heine)	tr. by A. Fogazzaro	273
Illusione, l'	F. de Roberto	115
Immorale, l'	E. A. Butti	307
Impara l'arte	Leo di Castelnovo	342
Impara l'arte e mettila da parte	Silvatico	277
Imperatrice Wanda, l'	Signora***	244
Impressioni di un volontario	Achille Bizzoni	191
In bicicletta	L. Stecchetti (O. Guerrini)	283
In cerca d'una sposa	Tommasina Guidi	332
Ineluttabile, l'	G. Anastasi	170
In famiglia	Edvige Salvi	529
Ingenua l'	E. Meilhac, L. Halévy	508
Ingenui, gli	Alfredo Panzini	19
Innamorata, l'	la contessa Lara	252
Innamorata della montagna l'	I. U. Tarchetti	282
Innocente, l'	Gabriele d'Annunzio	549
In riva al mare	E. Franceschi	90
Instantanee	D. Norsa	423
In Svezia	Elisa Cappelli	330
In Terrasanta	A. de Gubernatis	186
In Toscana	Matilde Gioli	124
In vano 2 v.	Ottorino Novi	152–153
Invisibile, l'	Domenico Ciàmpoli	95
Io son dottore	Francesco Coletti	508
Irredenta, l'	Alberto Boccardi	96
Isabella Orsini	F. D. Guerrazzi	589
Isola del sole, l'	Luigi Capuana	259
Italia all' alba del secolo XX, l'	F. Nitti	47
Lanterna rossa, la	Pietro Zaccone	94
Laura Dalmeno	Mercedes	397
Lea	F. Cavallotti	534
Leggende di mare	Jack la Bolina	66
Leopardi, Giacomo; Considerazioni degli spiriti e delle forme nella poesia di	Giosuè Carducci	29
Letteratura indiana	Angelo de Gubernatis	566
Lettere d'amore	Matilde Serao	264
Lettere d'un marito alla moglie morta	Antonio Caccianiga	522
Leviatano	Giovanni Bovio	266

INDEX OF TITLES

Libro degli anneddoti, il	Luigi Rasi	113
Libro dei monologhi, il	Luigi Rasi	97
Libro del cortegiano, il	Baldessare Castiglione	366
Libro della pietà, il	Angiolo Silvio Novaro	37
Libro delle malinconie, il	Paolo Mantegazza	567
Libro segreto	A. Ghislanzoni	493
Lirica amorosa di Michelangelo Buonarroti, la	Natale de Sanctis	592
Lorenzo	—	165
Lotta per l'amore, la	Carolina Invernizio	373
Lotte civili	E. de Amicis	42
Lucignolo	Alberto Cioci	457
Luna di miele	F. Cavallotti	265
Lungo la via	Antonietta Giacomelli	442
Lussuriosi, i	Luciano Zùccoli	173
Macchiette e novelle	Orazio Grandi	466
Madre di Maurizio, La	Luisa Saredo	443
Maestra bella, la	Luigi di San Giusto	138
Maestro del signorino, il	Francesco Coletti	399
Magnetizzatore, il	L. Pullè	68
Mal d'amore	Giuseppe de'Rossi	321
Mamma ce'n'è una sola	B. E. Maineri	434
Mamma Rocambole	Pietro Zaccone	439
Marchesa Irene, la	Lindner	595
Marchese di Roccaverdina, il	Luigi Capuana	104
Marco Spada	Gerolamo Rovetta	63
Marco Visconti	Tommaso Grossi	550
Marco Visconti	Tommaso Grossi	232
Margherita Pusterla	Cesare Cantù	554
Margherita Pusterla	Cesare Cantù	336
Mario	Memini	319
Marion	Annie Vivanti	202
Marito amante della moglie, il	Giuseppe Giacosa	524
Marito di Elena, il	G. Verga	79
Marito di Livia, il	Luisa Saredo	93
Maruzza	Giacinta Pezzana	251
Massime di un marito, le	Riccardo Castelvecchio	507
Matrimonio, un	Achille Bizzoni	91
Matrimonio disuguale, un	Lina Castino	311
Matrimonio eccentrico, un	Luigi Gualdo	410
Melanconie	Gino Trespioli	349
Mente di Alessandro Manzoni, la	Giuseppe Rovani	
Mercede	Ippolito Tito d'Aste	107
Mia	Memini	190

INDEX OF TITLES

"Mi avrebbe sposato"	Giulia Turrinelli Comelli	528
Miei racconti, i	Enrico Panzacchi	101
Mie prigioni, le	Silvio Pellico	576
Miei rimorsi, i 2 v.	Pietro Crespi	518–519
Militaresse, le	A. Olivieri Sangiacomo	304
Militarismo, il	Guglielmo Ferrero	200
Mio delitto, il	Cordelia	291
Mio ultimo amico, il	Edmondo de Amicis	409
Miro e Naida	Italo Pizzi	120
Misterio d'alberi	E. Augusto Berta	80
Moccolo	Alberti Cioci	144
Moglie affidata, la	F. Rubini	270
Moglie di sua eccelenza, la	Gerolamo Rovetta	215
Mogli oneste, le 2 v.	Edoardo Arbib	209–210
Monaca di Monza, la	Giovanni Rosini	578
Mondo mondano, il	Carlo Placci	28
Mondo piccino	Amica dei Bimbi	40
Monologhi	Camillo Antona Traversi	181
Montecarlo elegante	Lorenzo Salazar	372
Morta, la	Pietro Zaccone	280
Natalia	Enrico Castelnuovo	125
Naufragatori dell' "Oregon," i	Emilio Salgari	147
Nella bottega del cambiavalute	Enrico Castelnuovo	346
Nella montagna nera	Eugenio de Kerzollo	145
Nell' ingranaggio	Bruno Sperani	440
Nel mondo dei sogni	Espero	43
Nemico, il 2 v.	Alfredo Oriani	26–27
Nennella	Luigi di San Giusto	413
Nerone	A. Boito	479
Niccolò de' Lapi 2 v.	Massimo d'Azeglio	485–486
Niccolò de' Lapi	Massimo d'Azeglio	587
Nido d'amore	Rosa Martinelli	396
Nihil	Arturo Colautti	154
Ninnoli	Gerolamo Rovetta	594
Nipote di don Gregorio, la	P. Bettoli	108
Nipoti della marchesa Laura Danieli-Camozzi, Maria Lisa	Gemma Manfro-Cadolini	335
Non ci sono	Francesco Coletti	68
Non dir quattro se non l'hai nel sacco	Giuseppe Giacosa	391
Nora	Anna Vertua Gentile	196
Nostalgia, la	Riccardo Castelvecchio	507
Notte di San Silvestro, la	Riccardo Castelvecchio	399

INDEX OF TITLES

Nova polemica	L. Stecchetti	61
Novelle	Edmondo de Amicis	545
Novelle campagnuole	Giulio Carcano	136
Novelle della pescara, le	Gabriele d'Annunzio	515
Novelle e ghiribizzi	Pietro Fanfani	339
Novelle fantastiche	Giovanna Denti	217
Novelle per la gioventù	Alfredo Sisti	478
Novelle romane	Paolo Emilio Castagnola	233
Novelle popolari toscane	ed. Pitrè	166
Novelle umili	G. P. Mancini	249
Nube, la	Orazio Grandi	433
Numeri e sogni	Bruno Sperani	314
Nuove commedie educative	Felicita Morandi	349
Nuovi racconti da ridere	A. Ghislanzoni	506
Nuovi versi	la contessa Lara	420
Occhi d'un ritratto, gli	Carlo Pizzigoni	399
Occhi lucenti	Emilio Barbarani	53
Odio di Rita, l'	Anna Vertua Gentile	36
Odio in quartiere, un	Vincenzo Miglietti	240
Olocausto	Alfredo Oriani	106
Ombre del passato, le	Egisto Roggero	419
Onore di Diana, l'	Pietro Zaccone	179
Onorevole, l'	Achille Bizzoni	235
Operai, gli	E. Manuel	520
Opere di	Francesco Berni	468
Ora di sconforto, un'	Giuseppe Costetti	399
Ora e sempre	Adolfo Albertazzi	178
Oratore, l'	M. Tullio Cicerone	557
Ostriche, le	Carlo del Balzo	312
Paese di cuccagna, il	Matilde Serao	157
Pagina della storia dell'amore, una	F. de Roberto	182
Pagine allegre	Jarro (G. Piccini)	253
Paolina	Iginio Ugo Tarchetti	377
Paolina	Cesare Vitaliana	68
Papà Goriot	Balzac	394
Paradiso e inferno	Carolina Invernizio	526
Paradiso nero, il	Pietro Zaccone	88
Parassiti	Camillo Antona Traversi	201
Parodie	Luigi Capuana	53
Passione	Decio Cortesi	326
Passione maledetta	Cesare Tronconi	542
Passioni ed amori	Francesco Carbone	426
Passioni del risorgimento	Raffaello Barbiera	185
Peccato del dottore, il	Mario Pratesi	16
Peccato di Loreta, il	Alberto Boccardi	533

INDEX OF TITLES

Peccato e penitenza	Ferdinando Martini	130
Pena morale e Pena civile	—	520
Penna e spada	Leopoldo Pullè	501
Pennelli e scalpelli	Ferdinando Fontana	487
Pensiero degli altri, il	Adolfo Padovan	525
Perchè ho risposto no?	Salvatore Farina	438
Perchè Rita...?	Ugo Valcarenghi	432
Perduta	Enrico Gréville	141
Perduta	Enrico Gréville	142
Perfidie del caso, le	Mario Pratesi	530
Pergolesi	Giulio Pisa	384
Per vendetta	Cordelia	294
Pezzenti, i	Felice Cavallotti	60
Piacere, il	Gabriele d'Annunzio	156
Piccoli eroi	Cordelia	137
Piccolo mondo antico	Antonio Fogazzaro	74
Pispolino	Augusto Piccioni	431
Poema eterno	Alessandro Casati	529
Poema paradisiaco, odi navali	Gabriele d'Annunzio	543
Poema tartaro, il	Giambattista Casti	89
Poemi conviviali	Giovanni Pascoli	46
Poemi conviviali	Giovanni Pascoli	591
Poesie	Guiseppe Giusti	544
Poesie	Giuseppe Giusti	231
Poesie	Giacomo Leopardi	586
Poesie	Goffredo Mameli	67
Poesie	Domenico Oliva	511
Poesie	Neri Tanfucio	500
Poesie scelte	Giuseppe Parini	360
Postuma	Lorenzo Stecchetti	392
Potenza delle tenebre, la	Leone Tolstoi	527
Predestinata!	Gemma Giovannini	140
Presso l'altare	E. Werner	415
Presso la felicità	Signora***	237
Prima morire	la marchesa Colombi	292
Primo amante, il	Gerolamo Rovetta	496
Primo maggio	G. B. Bianchi	298
Primo Pipelet, il	Amedeo Corrado Nobili	568
Primo passo, il	Carlo Goldoni	342
Principessa Belgiojoso, la	Raffaello Barbiera	299
Principio di secolo	De Castro	222
Principio di secolo	G. Rovetta	417
Procelle dell'anima	Fulvia	451
Processi verbali	F. de Roberto	327
Processo Montegù, il	Gerolamo Rovetta	564

INDEX OF TITLES

Profili muliebri	M. C. Pellegrini	368
Profumo	Luigi Capuana	425
Promessi sposi, i	Alessandro Manzoni	169
Prometeo	Domenico Milelli	384
Prose	Giosuè Carducci	553
Proviamo!	Riccardo Castelvecchio	507
Provinciali	A. G. Cagna	18
Pubblicità, la	P. Candi	275
Pulcinella	Benedetto Croce	551
Punto di mira, il	Alberto Boccardi	2
Quattro donne in una casa	Paolo Giacometti	558
Racconti	Adolfo Lovati	168
Racconti allegri	Ferruccio Orsi	51
Racconti campagnuoli	Giulio Carcano	347
Racconti dell' allegro compare, i	Avancinio Avancini	20
Racconti delle fate, i	C. Collodi	206
Racconti e novelle	A. Ghislanzoni	444
Racconti meravigliosi, i	Egisto Roggero	296
Racconto al chiaro di luna	J. Trebla	396
Ragazzi d'una volta e i ragazzi d' adesso	la marchesa Colombi	31
Raggio di Dio	Anton Giulio Barrili	474
Realtà, la	Gerolamo Rovetta	6
Regina delle tenebre, la	Grazia Deledda	139
Regno della donna, il	Cordelia	353
Reminiscenze di un bersagliere	Tullio Visioli	512
Re prega, il	Petruccelli della Gattina	354
Resa a discrezione	Giuseppe Giacosa	393
Ricordi del capitano d' Arce, i	G. Verga	562
Ricordi di gioventù	Giovanni Visconti Venosta	226
Ricordi di Parigi	Edmondo de Amicis	14
Rina	Carolina Invernizio	590
Rinàscita	Corrado Ricci	129
Rinunzia, la	Onorato Fava	376
Riodella	Luigi di Camoletti	68
Roberta	F. G. Monachelli	383
Romanzo di un' anima, il	Fides	328
Rosaio, il	Ginevra de Nobili	128
Rovina, la	Angiolo Silvio Novaro	7
Rune	E. Werner	117
Sacrifizio d'amore	Andrea Theuriet	290
Salotto della contessa Maffei, il	Raffaelo Barbiera	121
Salotto fiorentino del secolo scorso, un	Edmondo de Amicis	358

INDEX OF TITLES

Satanella	Carolina Invernizio	225
Satire	Vittorio Alfieri	248
Satire	Lodovico Ariosto	248
Satire	Riccardo Corleoni	521
Satire	Benedetto Menzini	248
Satire	Salvator Rosa	248
Scene	Antonio Fogazzaro	597
Scienza in cucina, la	Pellegrino Artusi	126
Secolo galante, il	Neera	482
Secondo libro dei monologhi, il	Luigi Rasi	598
Se fossi re	Anton Giulio Barrili	263
Sempre l' amore	Lina Castino	532
Senio	Neera	555
Senso	Camillo Boito	160
Senz' amore	la marchesa Colombi	155
Sepolcri, i	I. Pindemonte	478
Serate liete	Giulio Tarra	77
Sere d'inverno	Giulia de Beaumont Lioy	295
Sic vos non vobis	Felice Cavallotti	265
Signora Cagliostro, la	L. A. Vassallo	30
Signor Io, il	S. Farina	369
Signor Lecoq, il	Emilio Gaboriau	281
Sirena, la	A. G. Barrili	429
Soci del delitto, i	Pasquale Martiree R. Lucente	269
Socrate	Giovanni Bovio	396
Sogno d'un mattino di primavera	Gabriele d'Annunzio	581
Sogno d'un tramonto d'autunno	Gabriele d'Annunzio	517
Solo al mondo	Maria Savi Lopez	322
Sonatine bizzarre	Antonio Fogazzaro	286
Sorbetto della regina, il	F. Petrucelli della Gattina	540
Sorelle, le	Giuseppe Gigli	165
Sorelle d'amore	Tommasina Guidi ed Emilia Nevers	171
Sott' acqua	Gerolamo Rovetta	464
Sotto la croce	Ugo Valcarenghi	424
Sottoscala, il	Giuseppe Calenzoli	508
Spazzacamino	G. Cavagnari	345
Spigolature classiche leopardiane	Camillo Antona-Traversi	462
Sponsali borghesi	Sebastiano Zilioli	98
Stagno, lo	C. Giorgieri-Contri	324
Stelle cadenti, le	Luigi Bombicci	263

INDEX OF TITLES

Storia dell' arte	G. Lipparini	297
Storia di due anime	Matilde Serao	334
Storia di una capinera	G. Verga	588
Storia di una monaca	Matilde Serao	271
Storia d'una gamba	I. U. Tarchetti	282
Storia fosca	Luigi Capuana	184
Storia vecchia	Giuseppe Giacosa	391
Storielle vane	Camillo Boito	546
Storielle vere	Victor	455
Sublimi certezze	Cletto Arrighi	303
Su e giù per Firenze	Yorick (P. C. Ferrigni)	123
Suggestione	A. Agresti	365
Suicidi di Parigi, i	Petrucelli della Gattina	243
Su le rovine del mondo	Giovanni Diotallevi	216
Sulla breccia	Antonietta Giacomelli	122
Sulla laguna	Enrico Castelnuovo	250
Sulle trame del sentimento	C. Giorgieri-Contri	428
Sul limitare	Giovanni Pascoli	55
Sul meriggio	Gian della Quercia	187
Tamburini, i	Alberto Cioci	422
Tartufo in guanti bianchi, il	Cesare Vitaliani	399
Tavola et la cucina, la	Lorenzo Stecchetti	384
Tempesta d'affetti	Edvige Salvi	359
Tempesta e bonaccia	la marchesa Colombi	364
Tenebre ed albori	F. G. Farrar	23
Terra vergine	Anton Giulio Barrili	9
Terre vergini	Ivan Turghenieff	412
Terribile quarto d'ora	G. Costetti	520
Tersicoreide	Nicola Guerra	213
Tesoro, il	Grazia Deledda	8
Tesoro di donnina, il	S. Farina	490
Tesoro di Golconda, il	Anton Giulio Barrili	503
Testa	Paolo Mantegazza	570
Tigre reale	G. Verga	39
Tocchi in penna	Regina di Luanto	539
Tragedie 2 v.	Vittorio Alfieri	579–580
Tragedie, drammi e cantate	Vincenzo Monti	585
Tragedie scelte	Silvio Pellico	576
Tra i monti	Gustavo Chiesi	484
Tre donne	Bruno Sperani	323
Tre generazioni, le	Riccardo Castelvecchio	507
Treno della morte, il	Guido Fabiani	58
Trenta luoghi di Cesare	Felice Ramorino	192
Tre sorelle, le	Pasquale Ferrara	601
Trionfo, il	Roberto Bracco	322
Trionfo della morte	Gabriele d'Annunzio	72

INDEX OF TITLES

Tristi amori	G. Giacosa	59
Troppo fiera?	Fulvia	348
Tu sei l'uomo 2 v.	M. E. Braddon	472–473
Ultime ore di Camoens, le	Leone Fortis	399
Ultimo bacio, l'	Carolina Inverizio	481
Usque ad mortem	Dioclea	306
Utopia, l'	E. A. Butti	268
Val d'olivi	Anton Giulio Barrili	514
Vassallaggio	Silvio Pagani	447
Vecchia casa, la	Neera	133
Vecchio, il	Ugo Ojetti	109
Veglie di Neri, le	Renato Fucini	149
Vendetta	Maria Corelli	25
Vendetta d'una pazza, la	Carolina Invernizio	596
Venere di marmo, la	———	531
Vergine delle grazie, la	Luigi Camoletti	68
Vergini delle rocce, le	Gabriele d'Annunzio	573
Vergini, le	Marco Praga	480
Vero amore, un	G. Strafforello	390
Via del male, la	Grazia Deledda	159
Via dolorosa, la	Maria di Gardo	421
Vie del peccato, le	Ugo Ojetti	15
Villa incantata, la	Neera	505
Villa Ortensia	A. Caccianiga	395
Virtù d'amore	G. L. Patuzzi	239
Vita d'artista	Edvige Fersi	448
Vita di Benvenuto Cellini, la		73
Vita e miracoli della signorina Ines	E. Conti	40
Vita galante in Russia, la	la principessa Olga	379
Vita giovanile	Elvira Simonatti	54
Vita intima	Cordelia	10
Vita militare, la	Edmondo de Amicis	582
Vita pratica	Vincenzo Pantaleo	218
Vita sfrenata	Pietro Zaccone	344
Vittime dell amore, le	Carolina Invernizio	337
Voci e maniere di lingua viva	C. Arlìa	116
Volere è potere	Michele Lessona	1
Volo d'Icaro	G. L. Patuzzi	189
Vorrei fare il signore	Ida Baccini	49
Zagranella	G. B. Bazzoni	267
Zio Cesare	Anton Giulio Barrili	99

INDEX OF AUTHORS

Abba, Giuseppe Cesare		
	Da Quarto al Volturno	469
Agresti, A.	Suggestione	365
Albertazzi, Adolfo	La fortuna di un uomo	284
—	Ora e sempre	178
Alberti, Luigi	La contessa di Santaflora	68
Alfani, Augusto	Evelina	477
Alfieri, Vittorio	Satire	248
—	Tragedie. 2 v.	579-580
Amicis, Edmondo de	Capo d'anno	561
—	Cuore	547
—	Lotte civili	42
—	Il mio ultimo amico	409
—	Novelle	545
—	Alle porte d'Italia	497
—	Ricordi di Parigi	14
—	Un salotto fiorentino del secolo scorso	358
—	La vita militare	582
Anastasi, G.	L'amante	63
—	L'ineluttabile	170
Anastasio	Capricci satirici	284
Annunzio, Gabriele d'		
	La canzone di Garibaldi	583
—	La città morta	516
—	La figlia di Iorio	577
—	Francesca da Rimini	148
—	Il fuoco	452
—	La Gioconda	569
—	La gloria	571
—	L'innocente	549
—	Le novelle della pescara	515
—	Il piacere	156
—	Poema paradisiaco, odi navali	543
—	Sogno d'un mattino di primavera	581
—	Sogno d'un tramonto d'autunno	517
—	Trionfo della morte	72
—	Le vergini delle rocce	573
Antona-Traversi, Camillo	Monologhi	181
—	Parassiti	201
—	Spigolature classiche Leopardiane	462
Antona-Traversi, Giannino	Il braccialetto	409
Antonini, Lorenzo	La congiura de' pazzi	476
Arbib, Edoardo	Mogli oneste 2 v.	209-210
Ardizzone, Girolamo	Due amori	350

INDEX OF AUTHORS

Aretino, Pietro	Commedie	445
Ariosto, Lodovico	Satire	248
Arlia, C.	Voci e maniere di lingua viva	116
Arrighi, Cletto	Estremi aneliti	234
—	Sublimi certezze	303
Artusi, Pellegrino	La scienza in cucina	126
Aste, Ippolito Tito d'	Mercede	107
Avancini, Avancinio	All' ombra del faggio	127
—	L'idolo infranto	3
—	I racconti dell' allegro compare	20
Azeglio, Massimo d'		
	Ettore Fieramosca (duplicate 556)	352
—	Niccolò de' Lapi. 2 v. (duplicate 587)	485–486
Baccelli, Alfredo	Il candelajo	378
—	Diva natura	325
Baccini, Ida	Il bacio	52
—	Felice ad ogni costo	427
—	Vorrei fare il signore	49
Baffico, Giuseppe	Fascino arcano	402
Balzac, H. de	Papà Goriot	394
Balzo, Carlo del	Le ostriche	312
Banzole, Ottone di	Fino a Dogali	450
Barbarani, Emilio	Occhi lucenti	53
Barbiera, Raffaello	Passioni del risorgimento	185
—	La principessa Belgiojoso	299
—	Il salotto della contessa Maffei	121
Barbieri, Ulisse	Ali Tarpate. Elda	508
Barrili, Anton Giulio	Castel Gavone	404
—	Le confessioni di Fra Gualberto	381
—	Cuor di ferro e cuor d'oro. 2 v.	458–459
—	La donna di picche	176
—	Le due Beatrici	112
—	I figli del cielo	411
—	Fior d'oro	11
—	Galatea	4
—	Raggio di Dio	474
—	Se fossi re	263
—	La sirena	429
—	Terra vergine	9
—	Il tesoro di Golconda	503
—	Val d'olivi	514
—	Zio Cesare	99
Bayard e Varner	Figlia d'Hoffman	68
Bazzochi, Erminia	La critica della critica	48
Bazzoni, G. B.	Il castello di Trezzo	267

INDEX OF AUTHORS

Bazzoni, G. B.	Zagranella	267
Benco, Silvio	La fiamma fredda	414
Bermani, Eugenio	Frate Gaudenzio	301
Berni, Francesco	Opere	468
Bersezio, V.	Gli angeli della terra. 2 v.	488–489
—	Il cane del cieco	277
Berta, E. Augusto	E va . . . E va . . .	41
—	Misterio d'alberi	80
Bertelli, Luigi	Ciondolino	320
Bettoli, P.	La nipote di don Gregorio	108
Bianchi, G. B.	Primo maggio	298
Bimbi, Amica dei (Cordelia)	Mondo piccino	40
Bizzoni, Achille	Antonio	246
—	Autopsia di un amore	241
—	Impressioni di un volontario	191
—	Un matrimonio	91
—	L'onorevole	235
Boccacci, Giovanni	Il decameron. 2 v.	385–386
Boccardi, Alberto	L'irredenta	96
—	Peccato di Loreta	533
— .	Il punto di mira	2
Boito, A.	Nerone	479
Boito, Camillo	L'anima di un pittore	492
—	Senso	160
—	Storielle vane	546
Bolina, Jack la	Leggende di mare	66
Bombicci, Luigi	Le stelle cadenti	263
Bovio, Giovanni	Leviatano	266
—	Socrate	396
Bracco, Roberto	Il diritto dell' amore	318
—	Una donna	63
—	Il trionfo	322
Braddon, M. E.	Tu sei l'uomo. 2 v.	472–473
Bresciani, P. Antonio	La contessa Matilda di Canossa e Iolanda di Groninga	523
Bresciani, P. Antonio	Edmondo	64
Brocchi, Virgilio	Il fascino	21
Broughton, Rhoda	Addio amore	111
Burckhardt, Jacopo	La civiltà del rinascimento in Italia. 2 v.	150–151
Butti, E. A.	L'automa	197
—	La fine d'un ideale	417
—	L'immorale	307
—	L'utopia	268
Caccianiga, Antonio	Il dolce far niente	76
—	La famiglia Bonifazio	418

INDEX OF AUTHORS

Caccianiga, Antonio
        Lettere d'un marito alla moglie morta 522
—   Villa Ortensia 395
Cagna, A. G.   Un bel sogno 38
—   Provinciali 18
Calenzoli, Giuseppe   Il sottoscala 508
Calvi, A. e Marchese, G.   I fiori in inverno 400
Camoletti, Luigi di   La vergine delle grazie 68
—   Riodella 68
Candi, P.   La pubblicità 275
Cantù, Cesare   Attenzione! 552
—   Margherita Pusterla (duplicate 554) 336
Cappelli, Elisa   In Svezia 330
Capranica, Luigi
      La contessa di Melzo. 2 v. 134–135
—   Fra Paolo Sarpi. 2 v. 131–132
Caprile, Domenico   Gli angeli del perdono 56
—   Gemma d'oriente 600
Capuana, Luigi   C'era una volta 211
—   Il decameroncino 272
—   L' isola del sole 259
—   Il marchese di Roccaverdina 104
—   Parodie 53
—   Profumo 425
—   Storia fosca 184
Carbone, Francesco   Passioni ed amori 426
Carboni, Piero   Cristoforo Colombo 71
Carcano, Giulio   Angiola Maria 513
—   Novelle campagnuole 136
—   Racconti campagnuoli 347
Carducci, G. Degli spiriti e delle forme nella
                poesia di Giacomo Leopardi 29
—   Delle odi barbare   (duplicate 548) 285
—   Prose 553
Carrera, Valentino e Quintino   A. B. C. 342
Casati, Alessandro   Poema eterno 529
Castagnola, Paolo Emilio   Novelle romane 233
Castello-Branco, Camillo   Amore sfrenato 357
Castelnovo, Leo di   Impara l'arte 342
Castelnuovo, Enrico   Natalia 125
—   Nella bottega del Cambiavaluti 346
—   Sulla laguna 250
Castelvecchio, Ricardo   La cameriera astuta 507
—   Cameriera prudente 507
—   La collana della regina 399
—   Una commedia in famiglia 399

INDEX OF AUTHORS

Castelvecchio, Ricardo	Massime di un marito	507
—	La nostalgia	507
—	La notte di San Silvestro	399
—	Proviamo!	507
—	Le tre generazioni	507
Casti, G.	Gli animali parlanti (duplicate 84)	83
—	Il poema tartaro	89
Castiglione, B.	Il cortegiano	565
—	Il libro del cortegiano	366
Castino, Lina	Sempre l'amore	532
—	Un capriccio	224
—	Un matrimonio disuguale	311
Castro, Giovanni de	Principio di secolo	222
Cavagnari, G.	Spazzacamino	345
Cavallotti, F.	Il cantico dei cantici	265
—	La figlia di Jefte	534
—	Lea	534
—	Luna di miele	265
—	I pezzenti, Alcibiade	60
—	Sic vos non vobis	265
Cellini, Benvenuto	Vita	73
Cena, Giovanni	Gli ammonitori	329
Cerro, del	Fascino di donna	355
Cheleni, N. tr	Il cantico dei cantici	338
Chiara, Bernardo	Casa Raymondi	75
Chiesi, Gustava	La conquista della gloria	45
—	Giovanni da Ravenna	274
—	Tra i monti	484
Ciàmpoli, Domenico	Il barone di San Giorgio	293
—	Fra le selve	333
—	L' invisibile	95
Cicerone, M. Tullio	Il Catone Maggiore	557
—	L' oratore	557
Cimino, G. T.	I congiurati	441
—	Due donne	242
Cioci, Alberto	Fioretto	456
—	Lucignolo	457
—	Moccolo	144
—	I tamburini	422
Colautti, Arturo	Dio e la donna	57
—	Il figlio	315
—	Nihil	154
Coletti, Francesco	Io son dottore	508
—	Come la pensa il Signor Vincenzo	508
—	Commedie del pubblico	508
—	Il maestro del signorino	399

INDEX OF AUTHORS

Coletti, Francesco	Non ci sono	68
Collins, Wilkie	L' eredità di Caino	13
Collodi, C.	Divagazioni critico-umoristiche	177
—	I racconti delle fate	206
Colombi, la marchesa	Cara speranza	82
—	La cartella N. 4	363
—	Dopo il caffè	105
—	La gente per bene	340
—	Prima morire	292
— I ragazzi d'una volta e i ragazzi d'adesso		31
—	Senz' amore	155
—	Tempesta e bonaccia	364
Comelli, Giulia Turrinelli		
	"Mi avrebbe sposato"	528
Constant, Beniamino	Adolfo	535
Conti, Edoardo	Cani, gatti e ragazzi	437
— Vita e miracoli della signorina Ines		40
Contri, see Giorgieri-Contri		
Cordelia	Il mio delitto	291
—	Per vendetta	294
—	Piccoli eroi	137
—	Il regno della donna	353
—	Vita intima	10
Corelli, Maria	Vendetta	25
Corleoni, Riccardo	Satire	521
Cortesi, Decio	Passione	326
Corvi, Adele	Fiori d'autunno	236
Cossa, Pietro	I Borgia	509
Costetti, Giuseppe	Un' ora di sconforto	399
—	Terribile quarto d'ora	520
Crespi, Pietro	I miei rimorsi. 2 v.	518–519
Croce, Benedetto	Pulcinella	551
Cuciniello, Michele	Bianca–Maria	520
—	Elnava	520
Dadone, Carlo	Come presi moglie	375
Danieli-Camozzi, Maria Liza		
	I nipoti della marchesa Laura	335
Deledda, Grazia	Cenere (duplicate 220)	161
—	Dopo il divorzio	510
—	La giustizia	180
—	La regina delle tenebre	139
—	Il tesoro	8
—	La via del male	159
Denti, Giovanna	Novelle fantastiche	217
Deval, S.	Una gran dama	27
Dickens, C.	Il circolo Pickwick. 2 v.	406–407

INDEX OF AUTHORS

Dioclea	Usque ad mortem	306
Diotallevi, Giovanni	Su le rovine del mondo	216
Espero	Fin ch'io viva e più in là	409
—	Nel mondo dei sogni	43
Fabiani, Guido	Il treno della morte ed altre poesie	58
Fanfani, Pietro	Novelle e ghiribizzi	339
Faraglia, N. F.	La disfida di Barletta	277
Farina, Salvatore	Amore bendato	499
—	Capelli biondi	495
—	Caporal Silvestro	371
—	Dalla spuma del mare	498
—	Perchè ho risposto no?	438
—	Il signor Io	369
—	Il tesoro di donnina	490
Farrar, F. G.	Tenebre ed albori	23
Fava, Onorato	Contro i più	316
—	Francolino	12
—	Granellin di Pepe	40
—	La rinunzia	376
Ferrara, Pasquale	Le tre sorelle	601
Ferrero, Guglielmo	Il militarismo	200
Ferri, Giustino L.	Il capolavoro	69
Ferruggia, Gemma	Gli addii	527
—	Il cervello della donna	302
—	Il fascino	22
Fersi, Edvige	Vita d'artista	448
Ficcioni, A.	Fiorella e farfallino	430
Fides	Il romanzo di un' anima	328
Fiorentino, Enrico	Il canzoniere dei bambini	44
Fogazzaro, Antonio	Daniele Cortis	453
—	Eva	597
— tr.	Ignis (Heine)	273
—	Piccolo mondo antico	74
—	Scene	597
—	Sonatine bizarre	286
Fontana, Ferdinando	Pennelli e scalpelli	487
Fornaciari, Raffaello	Disegno storico della letteratura italiana dalle origini fino a tutto il sec. XIX	229
Fortis, Leone	Le ultime ore di Camoens	399
France, Anatole	Il delitto di Silvestro Bonnardo	118
Franceschi, E.	Fra i castagni	90
—	In riva al mare	90
Fratesi, Mario	Di paese in paese	204
Fucini, Renato (Neri Tanfucio)	All' aria aperta	34

INDEX OF AUTHORS

Fucini, Renato	Le veglie di Neri	149
—	Le poesie	500
Fulvia	Bianca Monselice	343
—	Foglie sparse	193
—	Procelle dell' anima	451
—	Troppo fiera?	348
Fumagalli, Giuseppe (ed)	Chi l'ha detto?	361
Gaboriau, Emilio	Il signor Lecoq	281
Galeotti, Ettore	Un fiore di Lombardia	584
Gallina, Giacinto	Le baruffe in famiglia	351
—	Così va il mondo, bimba mia	40
Gandolfi, Giuseppina	Contessa Teresa Malvezzi	349
Gardo, Maria di	Brutta!	32
—	Caccia al marito	465
—	La via dolorosa	421
Gentile, Anna Vertua	Da un natale all'altro	17
—	Fantasiosa	279
—	Nora	196
—	L'odio di Rita	36
Gherardi del Testa, Tommaso	La farina del diavolo	247
Ghislanzoni, Antonio	Angioli nelle tenebre	256
—	Le donne brutte	288
—	Libro segreto	493
—	Nuovi racconti da ridere	506
—	Racconti e novelle	444
Giacomelli, Antonietta	Lungo la via	442
—	Sulla breccia	122
Giacometti, Paolo	Cola di Rienzo	558
—	La donna	558
—	La donna in seconde nozze	558
—	Quattro donne in una casa	558
Giacosa, Giuseppe	Acquazzoni in montagna. Non dir quattro se non l'hai nel sacco. Storia vecchia.	391
Giacosa, Giuseppe	Il marito amante della moglie	524
—	Resa a discrezione	393
—	Tristi amori	59
Giannini, Giovanni	Canti popolari toscani	491
Gigli, Giuseppe	Le sorelle	165
Gioli, Matilde	In Toscana	124
Giorgieri-Contri, C.	Desiderata	563
—	Felicità del sonno	313
—	Lo stagno	324

INDEX OF AUTHORS

Giorgieri-Contri, C.	Sulle trame del sentimento	428
Giovagnoli, Raffaello		
	Aquilonia (la guerra sociale)	230
Giovagnoli, Rafaello	Evelina	219
Giovannini, Gemma	Predestinata!	140
Giusti, Giuseppe. Epistolario. 3 v.		387, 388, 389
—	Poesie ed. Puccianti	544
—	Poesie ed. Carlo Romussi	231
Goldoni, Carlo	Il primo passo	342
Gozzoli, G.	L'assedio di Gerusalemme	223
Grandi, Orazio	Destino	33
—	Macchiette e novelle	466
—	La nube	433
Gréville, Enrico	Perduta (duplicate 141)	142
Grossi, Tommaso		
	Marco Visconti (duplicate 232)	550
Grosson, Paolo Baronchelli		
	Le confessioni di una figlia del secolo	221
Gualdo, Luigi	Decadenza	119
—	Un matrimonio eccentrico	410
Gualtieri, Luigi	Dio e l'uomo. 2 v.	536–537
—	La donna d'altri	508
—	Le fasi del matrimonio	558
Gubernatis, A. de	In terrasanta	186
—	Letteratura indiana	566
Guerra, Nicola	Tersicoreide	213
Guerrazzi, F. D.	La battaglia di Benevento	574
—	Beatrice Cenci	374
—	Isabella Orsini	589
Guerrini, Olindo	Canti carnascialeschi	194
Guerzoni, Giuseppe	Arnaldo da Brescia	99
Guidi, Tommasina	Amore di donna—Amore di madre. Amore e buon senso. Idee di una donna sopra la donna. Dalla valigia delle reminiscenze	171
Guidi, Tommasina	L' età della moglie	332
—	In cerca d'una sposa	332
— ed Emilia Nevers	Sorelle d'amore	171
Haggard, Rider	Beatrice	380
Halévy, L.	L'ingenua	508
Hauff, Guglielmo	La dama piumata	538
Heine, H.	Ignis	273
Hennequin, A.	Bebè	508
Invernizio, Carolina	Il bacio d'una morta	408
—	Bacio infame	146
—	Cuore di donna	103

INDEX OF AUTHORS

Invernizio, Carolina	Il genio del male	356
—	La lotta per l'amore	373
—	Paradiso e inferno	526
—	Rina	590
—	Satanella	225
—	La vendetta d'una pazza	596
—	Le vittime dell' amore	337
—	L' ultimo bacio	481
Jarro (G. Piccini)	Pagine allegre	253
Jolanda, la duchessa (Enrica Magnoni)		
	Capitano Mari	541
Kerzollo, Eugenio de	Nella montagna nera	145
Landa, Pio	Americana	483
Lara, la contessa	L' innamorata	252
—	Nuovi versi	420
Lea, Sibylle	Bozzetti mondani	199
Leopardi, Giacomo	Poesie	586
Lessona, Michele	Volere è potere	1
Lindner	La marchesa Irene	595
Lioy, Giulia de Beaumont	Sere d'inverno	295
Lipparini, G.	Storia dell' arte	297
Lopez, Maria Savi	Solo al mondo	322
Lovati, Adolfo	Racconti	168
Luanto, Regina di	Acque forti	183
—	Tocchi in penna	539
Lucente, R. e Pasquale Martire		
	I soci del delitto	269
Maineri, B. E. e Lysch, Ermanno		
	L' abbazia di San Lao	494
Maineri, B. E.	Mamma c'è ne una sola	434
Mameli, Goffredo	Poesie	67
Mancini, G. P.	Novelle umili	249
Manfro-Cadolini, Gemma		
	Nipoti della marchesa Laura	335
Mantegazza, Paolo	Un giorno a Madera	398
—	Il libro delle malinconie	567
—	Testa	570
Mantica, G.	Figurinajo	405
Manuel, E.	Gli operai	520
Manzoni, Alessandro	I promessi sposi	169
Marchese, G. & Calvi, A.	I fiori in inverno	400
Marchi, Emilio de	Demetrio Pianelli	401
Marcotti, G.	Il conte Lucio	174
Marino, Cavalier	Adone	102
Mario, Alberto	La camicia rossa	275
Mariula	Bassorilievi	310

INDEX OF AUTHORS

Marselli, N.	Il generale Jomini	192
Martinelli, Rosa	Nido d' amore	396
Martini, Ferdinando	A zonzo	278
—	Epistolario di Giuseppe Giusti. 3 v.	387, 388, 389
—	Peccato e penitenza	130
Masi, Ernesto	Scelta di commedie di Carlo Goldoni. 2 v.	207-208
Maspes, Adolfo	Cuori di donne	449
Meilhac, E. e Halévy, L.	L' ingenua	508
Memini	Mario	319
—	Mia	190
Menzini, Benedetto	Satire	248
Mercedes	Laura Dalmeno	397
Miglietti, Vincenzo	Un odio in quartiere	240
Milelli, Domenico	Prometeo	384
Monachelli, F. G.	Roberta	383
Monti, Vincenzo	Tragedie, drammi e cantate	585
Morandi, Felicita	La contessa di Genlis	300
—	Il focolare domestico	85
—	Nuove commedie educative	349
Morandi, Luigi	Antologia della nostra critica letteraria moderna	454
Moriana, Leone di	Espiazione	62
Mosso, Angelo	Un ascensione d'inverno al Monte Rosa	99
Najac, E. de e Hennequin, A.	Bebè	508
Neera	L'amor platonico	86
—	Freccia del parto	289
—	Il secolo galante	482
—	Senio	555
—	La vecchia casa	133
—	La villà incantata	505
Nevers, Emilia	Ciò che insegna la mamma	171
Nevers, Emilia, e Guidi, Tommasina	Sorelle d'amore.	171
Niccolini, G. B.	Arnaldo da Brescia	478
Nicolo, G.	Il figlio di Scarabocchio	338
Nievo, Ippolito	Le confessioni d'un ottuagenario	162, 163, 164
Nitti, F.	L'Italia all'alba del secolo xx	47
Nobili, Amedeo Corrado de	Il primo Pipelet	568
Nobili, Ginevra, de	Il rosaio	128
Norsa, D.	Instantanee	423
Novaro, A. S.	L'angelo risvegliato	24
—	Il libro della pietà	37

INDEX OF AUTHORS

Novaro, A. S.	La rovina	7
Novi, Ottorino	L'esca 2 v.	470–471
—	In vano 2 v.	152–153
Ojetti, Ugo	Il vecchio	109
—	Le vie del peccato	15
Olga, la principessa	La vita galante in Russia	379
Oliva, Domenico	Poesie	511
Ongaro, Francesco dall'	Gugliemo Tell	520
Oriani, Alfredo	Gelosia	143
—	Il nemico (duplicate 27)	26
—	Olocausto	106
Orsi, Ferruccio	Racconti allegri	51
Padovan, Adolfo	Il pensiero degli altri	525
Pagani, Silvio	Vassallaggio	447
Pantaleo, Vincenzo	Vita pratica	218
Panzacchi, E.	Donne e poeti	287
Panzacchi, Enrico	I miei racconti	101
Panzini, Alfredo	Gli ingenui	19
Parini, Giuseppe	Poesie scelte	360
Pascoli, Giovanni		
	Poemi conviviali (duplicate 591)	46
—	Sul limitare	55
Patuzzi, G. L.	Virtù d'amore	239
—	Volo d'Icaro	189
Pellegrini, M. C.	Profili muliebri	368
Pellico, Silvio	Le mie prigioni	
	Francesca da Rimini	
	Eufemio di Messina	
	Ester d'Engaddi	
	Iginia d'Asti	576
Pelloni, Stefano (detto Il Passatore)		
	Racconto storico di Antiodo Agnolucci	403
Petrucelli della Gattina	Il re prega	354
—	Il sorbetto della regina	540
—	I suicidi di Parigi	243
Pezzana, Giacinta	Maruzza	251
Piccioni, Augusto	Pispolino	431
Pignone, Carlo	Forti amori	308
Pindemonte, Ippolito	Arminio	478
—	I sepolcri	478
Pisa, Giulo	Pergolesi	384
Pitré (ed.)	Novelle popolari toscane	166
Pizzi, Italo	Miro e Naida	120
Pizzigoni, C.	I figli di nessuno	416
—	Gli occhi d'un ritratto	399
Placci, Carlo	Mondo mondano	28

INDEX OF AUTHORS

Author	Title	Page
Praga, Marco	Le vergini	480
Pratesi, Mario	Il peccato del dottore	16
—	Le perfidie del caso	530
Prati, Giovanni	Edmenegarda	478
Prudenzano, F.	La fidanzata di Chamonix	254
Pullè, L.	Il magnetizzatore	68
—	Penna e spada	501
Quercia, Gian della	Sul meriggio	187
Radcliffe, Anna	L'eremita della tomba misteriosa	100
—	La foresta perigliosa	559
—	Giulia	255
Rajberti, Giovanni	Il gatto	529
Ramorino, Felice	Trenta luoghi di Cesare	192
Rapisardi, Mario	L'asceta, ed altri poemetti	227
—	Giustizia	227
Rasi, Luigi	Il libro degli aneddoti	113
—	Il libro dei monologhi	97
—	Il secondo libro dei monologhi	598
Ricchetti, A.	Diavolina	203
Ricci, Corrado	Rinàscita	129
Roberto, F. de	L'albero della scienza	461
—	Gli amori	382
—	Come si ama	475
—	Documenti umani	78
—	Ermanno Raeli	212
—	L'illusione	115
—	Una pagina della storia dell'amore	182
—	Processi verbali	327
Roggero, Egisto	Le ombre del passato	419
—	I racconti meravigliosi	296
Romussi, Carlo	Glorie viventi	367
Rosa, Ludovico de	Chi rompe paga	188
Rosa, Ludovico de *see* Saredo, Luisa		
Rosa, Salvator	Satire	248
Rosini, Giovanni	La monaca di Monza	578
Rossi, Giuseppe de	L'addolorata	309
—	Mal d'amore	321
Rovetta, Gerolamo	Alla città di Roma	521
—	Baby	436
—	Casta diva	114
—	Cavalleria assassina	70
—	La moglie di sua eccelenza	215
—	Ninnoli	594
—	Marco Spada	63
—	Il primo amante	496

INDEX OF AUTHORS

Rovetta, Gerolamo	Principio di secolo	417
—	Il processo Montegù	564
—	La realtà	6
—	Sott'acqua	464
Rubini, F.	La moglie affidata	270
Ruffini, Giovanni		
	Il dottor Antonio (duplicate 575)	198
Salazar, Lorenzo	Montecarlo elegante	372
Sales, Pietro	L' Americana. 2 v.	260–261
—	La ciocca d'oro	228
Salgari, E.	Il continente misterioso	362
—	I naufragatori dell' "Oregon"	147
Salvi, Edvige	In famiglia	529
—	Tempesta d' affetti	359
Sanctis, Natale de		
La lirica amorosa di Michelangelo Buonarroti		592

Sangiacomo, A. Olivieri   Alla ribalta; commedie e monologhi. 1. Gli spiriti forti. 2. Le penne del pavone. 3. Convegno ultimo. 4. Tu. 5. La coda   599

—	L'arte in salotto	370
—	Caporal Berretta	599
—	La cognata	305
—	La grotta delle sirene	35
—	Le militaresse	304
San Giusto, Luigi di	La maestra bella	138
—	Nennella	413
Saragat, G. (Toga Rasa) e Rey, Guido		
	Famiglia alpinistica	214
Sardagna, Silvio	Le bestie e l'uomo	87
Saredo, Luisa	Cesarina	93
—	L' erede del Signor Acerbi	92
—	Giorni torbidi	238
—	La madre di Maurizio	443
—	Il marito di Livia	93
—	*see* Rosa, Ludovico de	
Scalvini, A.	Cavalieri del Macao	446
Scarlatti, Americo	Et ab hic et ab hoc	317
Selvatico	Impara l'arte e mettila da parte	277
Serao, Matilde	Fantasia	158
—	Lettere d'amore	264
—	Il paese di cuccagna	157
—	Storia di due anime	334
—	Storia di una monaca	271
Signora * * *	L' imperatrice Wanda	244
—	Presso la felicità	237

INDEX OF AUTHORS

Simonatti, Elvira	Vita giovanile	54
Sisti, Alfredo	Novelle per la gioventù	478
Sperani, Bruno	Nell' ingranaggio	440
—	Numeri e sogni	314
—	Tre donne	323
Speroni, Margherita	Angelo di pace	460
Spinelli, Elvira Simonatti	Un giogo	331
Stecchetti, L.	In bicicletta	283
—	Nova polemica	61
—	Postuma	392
—	La tavola e la cucina	384
Stoppani, Antonio	Il bel paese	467
Strafforello, G.	Un vero amore	390
Tanfucio, Neri, *see* Renato Fucihi		
Tarchetti, I. U.	Amore nell' arte, Fosca	245
—	L' innamorato della montagna	282
—	Paolina	377
—	Storia d' una gamba	282
Tarra, Giulio	Serate liete	77
Theuriet, Andrea	Sacrifizio d'amore	290
Tolstoi, Leone	La potenza delle tenebre	527
Torelli, Achille	L' amore che dura	195
— Chi muore giace e chi resta si dà pace		338
Trebla, J.	Racconto al chiaro di luna	396
Trespioli, Gino	Melanconie	349
Trilussa	Favole romanesche	50
Tronconi, Cesare	Un amore a fondo perso	435
—	Carnevale in Borsa	438
—	Evelina	560
—	Passione maledetta	542
Turghenieff, Ivan	Terre vergini	412
Uda, Michele	Gli amanti della vedova	520
—	Dietro il sipario	558
Valcarenghi, Ugo	Alta marea	110
—	Distruzione	504
—	Perchè Rita . . . ?	432
—	Sotto la croce	424
Vassallo, L. A.	La signora Cagliostro	30
Venosta, Giovanni Visconti		
	Ricordi di gioventù	226
Ventura, Emilio	Crepuscolo	205
Verga, G.	Cavalleria rusticana	572
—	Eros	172
—	Eva	463
—	Il marito di Elena	79
—	I ricordi del capitano d'Arce	562

INDEX OF AUTHORS

Verga, G.	Storia di una capinera	5…
—	Tigre reale	…
Victor	Storielle vere	45…
Villanti, Giovanni	Cassandra	26…
Visioli, Tullio	Reminiscenze di un bersagliere	51…
Vitaliana, Cesare	Paolina	6…
—	Il Tartufo in guanti bianchi	3…
Vivanti, Annie	Marion	20…
Werner, E.	Presso l'altare	41…
—	Rune	11…
Yorick (P. C. Ferrigni)	Su e giù per Firenze	1…
Zaccone, Pietro	Gli avventurieri di Parigi	27…
—	Bianchina	…
—	La cella N. 7 2 v. 257–2…	
—	La lanterna rossa	…
—	Mamma Rocambole	4…
—	La morta	2…
—	L' onore di Diana	17…
—	Il paradiso nero	8…
—	Vita sfrenata	344
Zena, Remigio	L' apostolo	5
—	La bocca del lupo	50…
Zilioli, Sebastiano	Sponsali borghesi	9…
Zuccoli, Luciano	Il designato	16…
—	I lussuriosi	17…

Printed by Libri Plureos GmbH in Hamburg, Germany